COMO GANAR DINERO CON TU BLOG EN 2019

APRENDE A GENERAR INGRESOS ONLINE PASO A PASO, GENERA MILES DE VISITAS A TU PÁGINA WEB, CONVIÉRTETE EN UN BLOGGER EXPERTO

Gaston Echevarria

Índice

Introducción 4

¿Se puede ganar mucho dinero con los blogs?............7

   Las mejores maneras para ganar dinero con tu blog 10

¡Afiliados! 19

Esto es lo que debes vender... 26

   Conclusión 38

Recursos extras...41

Introducción

¿Quieres ganar dinero en el mundo de los blogs rentables? ¿Estás deseando convertirte en uno de esos bloggers de 6 cifras de los que tanto has oído hablar?

Si es así, querrá leer cada palabra de este informe especial porque voy a mostrarle exactamente cómo puede unirse a las filas de aquellos que han cultivado un seguimiento de compradores regulares a través de una red de blogs altamente orientados.

He eliminado el desorden y la pérdida de tiempo para que pueda llevarte al corazón de los blogs exitosos sin complicar demasiado el proceso, o forzarte a pasar por una larga y prolongada curva de aprendizaje.

Porque la verdad es que no tiene por qué ser tan complicado.

Ganar dinero con blogs de nicho cuidadosamente diseñados no es tan difícil de hacer. De hecho, si usted está buscando una manera rápida y fácil de establecer la tienda para que pueda empezar a hacer dinero en línea sin una gran inversión, el blogging es la manera de ir.

La creación de blogs de alta calidad en su nicho o industria que generan tráfico y proporcionan contenido e información valiosa a su mercado es también uno de los métodos más efectivos para construir una presencia de autoridad y establecerse dentro de su industria, además de unos márgenes de beneficio increíbles; los blogs lo colocan en una gran posición dentro de su mercado.

¿Y adivina qué? La mejor parte de esta estrategia es que también es excepcionalmente fácil de hacer y es muy rentable. No cuesta mucho dinero crear un blog. De hecho, la mayoría del trabajo involucrará su tiempo - no sus dólares.

Así que, sin más dilación, ¡vamos a empezar de una vez!

¿Se puede ganar mucho dinero con los blogs?

Esta es la verdad sobre los blogs de seis cifras: Aunque los blogs pueden automatizarse (eventualmente), no se debe esperar que los ingresos sean pasivos desde el principio. Tendrás que trabajar en ello, especialmente cuando estés lanzando tu blog y construyendo una plataforma que quieras que sea reconocida en tu mercado.

Cuando empecé a bloguear pasaba 30-50 horas al mes creando contenido, convirtiendo a los visitantes en suscriptores de correo electrónico y vendiendo productos y servicios (ninguno de los cuales yo mismo creé - me concentré por completo en el marketing de afiliación. Más sobre eso más adelante).

Mientras que eventualmente subcontraté la mayor parte de mi contenido a escritores expertos, todavía paso tiempo evaluando las opciones de publicidad, revisando los productos que puedo promover, construyendo mi lista de correo y creando campañas publicitarias para aumentar el tráfico y mantener mis blogs a la vanguardia.

Aunque puede delegar muchas tareas a un equipo, como la creación de contenido e incluso la comercialización, querrá participar directamente en la fase inicial de construcción. Esta es tu marca, después de todo. Usted necesita asegurarse de que cada pieza de contenido tenga su voz, lleve su mensaje y represente su negocio de la mejor manera posible.

Nadie será nunca tan cuidadoso y profesional con la construcción de su blog como usted, ¿verdad? Por lo tanto, los talones y comprometerse a pasar los primeros meses de la construcción de su blog desde la planta baja hasta arriba. Entonces, y sólo entonces, debe empezar a crear un equipo que le ayudará a administrar su blog y, finalmente, ampliar a otras avenidas con otros blogs basados en nichos (si usted decide hacer eso).

Una vez más, de ninguna manera bloguear es un método manos libres para ganar dinero durante las etapas INICIALES. Usted debe estar preparado para poner algo de tiempo y esfuerzo si realmente quiere tener éxito.

¿Pero las buenas noticias? Tu duro trabajo dará sus frutos.

Las mejores maneras para ganar dinero con tu blog

Si bien hay innumerables informes y artículos que complicaron excesivamente el proceso de ganar dinero con los blogs, he aquí un resumen básico de cómo se hace:

1: Crear un blog y registrar un dominio memorable. Evite las opciones alojadas de forma remota. Usted necesita tener el control total de su sitio web para que pueda aprovechar todas las diferentes opciones de ingresos sin limitaciones (o los anuncios de otras personas).

2: Escribir (o subcontratar) contenido que genere tráfico y atraiga a los visitantes. Este contenido debe ser de alta calidad, específico e informativo. Todo carne, nada de verduras.

3: Convierta a sus visitantes en suscriptores de correo electrónico para que pueda crear su lista. Un boletín de noticias es clave en la construcción de un blog exitoso en línea. Raspe eso; un boletín de noticias es esencial para tener éxito en casi cualquier mercado en línea. Nunca ganarás tanto dinero sin uno.

4: Comuníquese con esos suscriptores regularmente para que sus listas no se enfríen. Construya una relación de comunicación y confianza. Fomente las relaciones con su mercado. Aquí es donde puedes construir una marca reconocida como una autoridad en tu mercado y diferenciarte de la competencia (¡especialmente de aquellos bloggers que no están haciendo esto!).

5: Venda productos y servicios a su audiencia a través de su blog y a través de su recién cultivado boletín informativo.

Suena bastante fácil, ¿verdad? Lo es. Pero llevará tiempo. Vamos a profundizar un poco más en cada uno de estos pasos para que entiendas mejor cómo funciona.

> ## *CREAR TU BLOG*

Este informe se centra en cómo ganar dinero con tu blog, así que no entraré en detalles sobre la construcción de la plataforma. Apenas sepa que usted debe elegir siempre un dominio memorable que se apunte a su mercado y que usted fija una cuenta de recibimiento profesional que contenga su blog. No utilice un host gratuito o una opción de alojamiento remoto como Blogger.

➢ *CREAR CONTENIDO PARA TU BLOG*

El tipo de contenido que usted cree dependerá de su público objetivo, pero cada pieza de contenido debe ser siempre informativa y el tema más jugoso y relevante que se le ocurra.

Su contenido será lo que impulsa el tráfico y mantiene a los visitantes regresando a su blog. Necesita establecer su blog como una fuente informativa de contenido en su mercado, así que asegúrese de pasar más tiempo elaborando contenido convincente (o subcontratar a escritores experimentados que conozcan su mercado por dentro y por fuera).

Consejo interno: Una manera fácil de proporcionar valor adicional en su sitio web es utilizando un plugin como www.PostGopher.com que convertirá el contenido de su artículo en archivos PDF que sus visitantes pueden guardar en sus ordenadores. Esto les permite leerlo más tarde, manteniendo su atención y aumentando sus posibilidades de que digieran su contenido.

➢ *CONSTRUIR Y CONVERTIR CLIENTES*

Necesitas estar siempre trabajando para construir tu lista. Este es un proceso que usted puede configurar en piloto automático utilizando formularios opt in situ que capturan la información de los visitantes y los agregan a su lista de correo. Plugins como www.OptinMonster.com facilitan la adición de visitantes a sus listas de correo.

Ofrece un incentivo a los que se unan a tus listas, como proporcionarles un informe especial que no esté disponible en ningún otro lugar de tu blog, u ofertas especiales y descuentos en productos y servicios. Siempre hay que entregar más de lo necesario y empezar con cuidado. No inundes a tus suscriptores con ofertas pagadas de inmediato - establece una relación con ellos primero y hazles saber que estás velando por sus intereses.

Luego, establezca campañas de autorespuesta que transmitirán diferentes ofertas valiosas y gratuitas a sus suscriptores a lo largo del tiempo. Yo personalmente configuré un correo electrónico de introducción y bienvenida para enviar a mis suscriptores tan pronto como se unan a mi lista.

Entonces, 2-3 días después, tengo otro correo electrónico automatizado que ofrece un informe especial gratuito sobre mi nicho. Luego, una semana después, empiezo a condicionarlos para que abran mis correos electrónicos porque saben que recibirán valor al hacerlo. Otra oferta gratuita, un código especial de descuento o una infografía especial basada en lo que más interesa a mis visitantes.

No es hasta 7-12 días después antes de que empiece a vender activamente, y lo hago de la manera más pasiva posible. En lugar de ofertas audaces y a la cara, trabajo CON ellos proporcionándoles recursos o herramientas valiosas que creo que les ayudarán o mejorarán sus vidas de alguna manera.

Cuando los suscriptores sienten que

usted es un amigo que está cuidando de ellos, en lugar de un vendedor cuyo único interés es hacer dinero, ellos responderán en consecuencia. Por lo tanto, no sea un vendedor de correo electrónico agresivo - sea un blogger profesional con un pulso en su mercado y uno que está dispuesto a ir la distancia para su visitante (y clientes potenciales).

> ## ➢ *Ganarse su confianza y respeto.*

Y finalmente, ¡vender productos y servicios como si no fuera asunto de nadie! Es entonces cuando empezarás a ganar dinero con tu blog y, a medida que lo hagas, verás a qué están respondiendo tus visitantes para que puedas ajustar tu sistema y empezar a adaptar tanto tus campañas de correo electrónico como el contenido de tu blog, en función de lo que más les interese.

Lo que nos lleva a la esencia de este informe: CÓMO hacer dinero.

¿Qué productos o servicios debe vender? ¿Cómo puede convertir el contenido gratuito en beneficio? ¿Cómo puede utilizar su blog como una herramienta de generación de contactos que le permita ganar dinero de manera constante?

Te mostraré cómo en el próximo capítulo.

¡Afiliados!

Uno de los aspectos más importantes para construir un blog rentable, es decidir qué forma de monetización funcionará mejor para su mercado.

Hay muchas opciones diferentes disponibles para usted, así que averiguar con cuál empezar (y en última instancia, calibrar qué formato es más probable que sus visitantes respondan) es a menudo la parte más complicada en el proceso.

Por lo tanto, vamos a desglosarlo para que pueda crear un sistema seguro que le permitirá ganar dinero en poco tiempo, evitando las opciones de bajo rendimiento de las que tantas personas son víctimas.

DEFINIR SU OBJETIVO:

Usted puede comenzar un blog simplemente porque está interesado en escribir contenido para su nicho de mercado. Tal vez tengas mucha información para compartir y disfrutes ayudando a otros. ¡Genial! Pero, aún necesitas definir el objetivo de tu blog.

¿Tu blog está diseñado para atraer visitantes con contenido útil y gratuito que puedes convertir en una ventaja?

¿Está planeando utilizar su blog para ofrecer una oferta gratuita a cambio de una dirección de correo electrónico para crear listas de correo específicas?

Si es así, entonces su blog es un mecanismo de generación de clientes potenciales y ese es su objetivo.

El objetivo de crear un blog no es sólo ganar dinero vendiendo directamente productos y servicios, ya sea con sus propias ofertas o a través de ofertas de marketing de afiliación. Su blog también debe ser una herramienta de generación de clientes potenciales, una forma de entrar en su mercado, y construir autoridad en su nicho.

Entonces, *¿cómo deberías empezar a monetizar tu blog?*

> ### **Marketing de Afiliados!**

Incluso si usted tiene un producto o servicio propio, si usted es nuevo en su nicho y no está establecido como desarrollador de productos, debe comenzar por crear contenido convincente para su blog y monetizar ese contenido con productos y servicios establecidos de los propietarios de negocios que ofrecen opciones de marketing de afiliación.

Usted puede entonces sifonar la credibilidad de estos profesionales establecidos, y mejor aún, usted puede dejar que ellos hagan la mayor parte del trabajo!

Con la comercialización del afiliado, usted no está atascado en los escritorios de apoyo a través de los correos electrónicos de los clientes que necesitan ayuda.

Usted no está trabajando con diseñadores gráficos, material promocional y kits de medios para proporcionar herramientas para que los promotores las usen.

Usted no está trabajando en la actualización de productos, persiguiendo y reparando problemas o errores en su software.

Como afiliado, usted tiene un trabajo que hacer: Venda el producto y gane dinero!

La comercialización del afiliado es sin duda alguna, la estrategia más inteligente.

> ***¿Necesita más convicción?***

Los vendedores del afiliado pueden establecer blogs rentables más rápido que cualquier otra persona porque usted no está pasando meses invirtiendo tiempo y dinero en la creación de productos. Puedes elegir entre cientos de productos de alto rendimiento y presentarlos en tu blog con unos pocos clics.

Los vendedores del afiliado pueden generar un ingreso que es casi puramente pasivo. Usted no está involucrado en el soporte, desarrollo o actualizaciones, lo que le deja libre para crear contenido, crear sus listas de correo electrónico y evaluar los productos de los desarrolladores que le harán ganar la mayor cantidad de dinero posible.

Y la comercialización del afiliado también puede introducir a los productos de venta caliente, dándole ideas para su propio producto más adelante en el camino una vez que su blog se establece y usted está generando tráfico constante! Usted sabrá exactamente qué tipo de productos vende sin tener que probar extensivamente sus propios productos, minimizando el riesgo de fallas.

Es una situación en la que todos ganan.

La única excepción a esta regla es si usted es un proveedor de servicios. Si ganas dinero ofreciendo consultoría, vendiendo bienes raíces o cualquier otro tipo de servicio, querrás empezar a ofrecer esos servicios en tu blog desde el principio. Pero si usted no es un proveedor de servicios, el marketing de afiliación es la única estrategia de monetización en la que debe centrarse.

Esto es lo que debes vender...

Si usted está pensando, "¿Qué tipo de productos de afiliados debo vender? Eso es lo único que debe preocuparte a la hora de elegir cómo monetizar tu blog.

La clave del éxito no es ir tras los mercados baratos. No cometa el error de pensar que es mejor vender un producto de $10 porque es probable que más gente lo compre. No es cierto, ni lógico. De hecho, usted hará las cosas más difíciles para usted y tendrá que trabajar mucho más para generar un ingreso decente cada mes.

En su lugar, haz lo que hacen los bloggers profesionales: comienza con productos de afiliados de gama alta ($77 y más) y vete bajando. No sólo ganará más dinero, sino que no tendrá que vender casi tantas copias para hacerlo!

La única manera de que un producto de gama baja funcione es si usted tiene un sólido respaldo de productos de mayor precio. En la edición, los autores llaman a este primer producto (libro 1 de su serie), un líder perdido. Básicamente, usted está vendiendo a un precio lo suficientemente bajo como para calificar a los compradores (en lugar de a los buscadores gratuitos), al tiempo que los seduce para que compren sus productos backend que tienen un precio más alto. Ahí es donde haces tu dinero.

En el marketing de afiliación, la única manera de vender una oferta inicial a bajo precio tiene sentido si usted tiene una serie de ofertas de alto precio de back end para agarrar. Al empezar en el blogging (y en el marketing de afiliación), es mucho más fácil ir a por oro y promover ofertas a precios más altos en su parte frontal, mientras que cortar los dientes en el proceso.

Además, a medida que promueva ofertas de afiliados y cree sus listas de correo electrónico, podrá lanzar fácilmente su propio producto más adelante a un precio más alto porque ha cultivado grupos de suscriptores que se sienten cómodos pagando precios más altos.

Y recuerde, la métrica que está por encima de todas las demás es el número en su lista de correo. No se preocupe por los suscriptores de los canales RSS - que ya no vale la pena considerar - sólo se centran en la construcción de sus boletines informativos, ya que eso será el verdadero predictor de cuánto dinero hará su blog.

LO QUE NECESITAS SABER:

¿Cómo puedes encontrar los mejores productos de afiliados para tu blog?

La solución más fácil es unirse a la red de publicidad de Chitika aquí: https://chitika.com/publishers

Mientras que hay muchas redes publicitarias diferentes (y compartiré con ustedes algunas otras que hacen dinero en un momento), Chitika es una de las principales redes publicitarias en línea.

Aquí hay otras que he usado. Todos estos son recursos fantásticos para los nuevos blogs:

LinkShare: *Rakuten Marketing:

https://www.linkshare.com/

Una de las redes de afiliados más grandes en línea con más de 10 millones de asociaciones de afiliados. No le faltarán opciones de productos y servicios entre los que elegir.

Commission Junction:

http://www.cj.com/

Este es con el que empecé hace muchos años (incluso tengo un silbato de tren de madera que enviaron a su primera ola de afiliados), y sigo usándolo hoy. Red publicitaria muy fiable y de confianza.

ShareASale:

https://www.shareasale.com/

Una de las redes publicitarias más populares con más de 3.000 comerciantes participando, por lo que encontrará una tonelada de productos para promocionar.

Programa de Afiliados de Amazon:

https://affiliate-program.amazon.com/

Aunque la relación de pago es más baja que la de muchas otras redes, le ofrecen la posibilidad de vender productos de una marca altamente reconocida, además de tener acceso a su inventario completo de productos. Recomiendo probar un puñado de productos cuando empiezas a escribir en tu blog, ya que son excepcionalmente fáciles de usar.

Incluiré algunas de las otras redes publicitarias que he utilizado al final de este informe en la sección de recursos. Por ahora, únase a estas cuatro redes y escanee su inventario en busca de un puñado de productos que sean relevantes para su nicho y para lo que usted cree que sus visitantes estarían más interesados.

Luego, cree su contenido. Si tiene un presupuesto ajustado y planea subcontratar la mayor parte del trabajo, gaste la mayor parte de su dinero en el desarrollo de contenido. Así es como te destacarás de otros blogs en tu mercado, capturarás la atención de tu audiencia y fomentarás el tráfico repetido. Si no hace nada más, dedique tiempo (o dinero) a crear contenido KILLER de la más alta calidad posible.

> ### ➤ *¿No está seguro de sobre qué escribir?*

Investigue los 10 mejores blogs de su nicho de mercado. Mira sobre lo que están escribiendo, qué tipo de titulares y títulos están usando. ¿Qué artículos reciben el mayor número de gustos y comentarios? Escribe todo lo que encuentres, creando un archivo deslizante de información que te ayudará a crear el tipo de contenido que más les interesa a los que están en tu mercado.

Tómate tu tiempo con esto! Si no está seguro de qué tipo de contenido quieren más sus visitantes, realmente necesita pasar algún tiempo investigando antes de empezar. No toma mucho tiempo. Pasa una hora o dos escaneando blogs populares y rápidamente tendrás una lista de posibles ideas.

Recuerde, todo lo que realmente necesita para empezar a bloguear son 2-3 artículos de alta calidad. O bien, dé la vuelta al guión y ofrezca a sus visitantes una combinación de tipos de contenido, incluyendo infográficos, artículos o un vídeo.

Y siempre configura tu lista de correo opt-in antes de empezar a dirigir el tráfico a tu blog.

Si desea una opción asequible que también sea fácil de usar, visite http://www.MailerLite.com o http://www.MailChimp.com y luego integre una aplicación de formulario de inclusión voluntaria como LeadPages.net u OptinMonster.com para agilizar el proceso.

Recapitulación:

- Crea de 2 a 5 piezas de contenido asesino en forma de artículos, infografías o vídeos.

- Invierta en un servicio de listas de correo y configure su correo electrónico de bienvenida/presentación. No vender en los primeros 2-3 emails.

- Ofrézcales UNA cosa gratis: un informe, una descarga gratuita, o algo más que le atraiga a su mercado.

- Integre de 1 a 3 productos de afiliados en el contenido de su blog y en los boletines de su lista de correo.

- Cuando pueda permitírselo, compre un plugin de opt-in para listas de correo que capture clientes potenciales.

Puedes prescindir de esto simplemente incorporando el código de registro de tu lista de correo en tu propio blog, pero honestamente, aplicaciones como OptinMonster.com son mucho más profesionales, ya que no sólo crearán automáticamente los cuadros emergentes o formularios del sitio, sino que también puedes personalizarlos para que aparezcan en función de la actividad del usuario (por ejemplo, cuántas veces ha estado allí el visitante, dónde se encuentra el visitante en tu sitio web, etc.).

- Evaluar los productos de los afiliados regularmente desde dentro de las redes de afiliados. Mantenga el pulso en su mercado, visitando constantemente blogs establecidos en su nicho con el fin de mantenerse al día con el tipo de contenido que está recibiendo mucha atención, así como el tipo de productos que están vendiendo.

- Generar tráfico! Atraiga a los visitantes potenciales a través de los medios sociales, cree campañas publicitarias con la red de visualización de contenido de Google, utilice foros y comunidades dentro de su nicho para presentar su blog y maximizar la exposición.

Conclusión

Quiero que empieces a vender hoy. No cometas el error que cometen tantos bloggers novatos y cree que primero deberías aumentar tu lista de suscriptores a 1.000 antes de empezar a vender. No te preocupes por tener "suficiente" contenido en tu blog.

Comienza por publicar 2-3 artículos altamente informativos en tu blog que serán de interés para tu público objetivo y elige de 1 a 3 productos de afiliados para promocionar. Divide eso y presenta un producto por cada 2-3 artículos en tu blog, con las otras ofertas de afiliados que se envían a los suscriptores de tu boletín.

La clave es no ser insistente.

Proporcione contenido valioso que atraiga a los visitantes e integre una o dos ofertas de afiliados dentro de la estructura de su blog. De esta manera, no se lo estás poniendo en la cara, sino más bien recordándoles una herramienta o servicio útil que les ayudará de alguna manera.

Es difícil mantenerse motivado como blogger si no estás ganando dinero, así que si empiezas tus esfuerzos inmediatamente, en lugar de intentar perfeccionarlo todo, verás los resultados mucho más rápido. También podrá generar ingresos que se destinarán a la formación de su equipo, la contratación de escritores y profesionales de marketing.

Una vez que hayas cobrado ese primer cheque o aceptado ese primer pago en Paypal para tus ventas de afiliados, confía en mí; quedarás enganchado.

Ahora sí, te deseo lo mejor en tus resultados, y recuerda, todo es práctica; no te sirve de nada la teoría sin acción.

Un fuerte abrazo, tu amigo, Gaston!

Por cierto, cuando logres conseguir tus resultados poco a poco, te recomiendo mucho, si deseas aprender mucho más acerca de metodos de ganar dinero, mi libro, sobre "GANAR DINERO CON TU CUENTA DE INSTAGRAM", es un libro que estoy seguro de que te ayudara mucho en tu camino de la "libertad financiera". Sin más dilación, puedes encontrarlo en el buscador de Amazon, como: "Ganar dinero con tu cuenta de instagram" ó buscando mi nombre, como: "Gaston Echevarria"... Una vez más te deseo éxito en tus resultados!

Recursos extras

Recursos de la campaña

Aquí hay enlaces a los recursos que se encuentran en esta guía:

Redes publicitarias:

LinkShare: https://www.linkshare.com/

Commission Junction:
http://www.cj.com/

ShareASale:
https://www.shareasale.com/

Programa de Asociados de Amazon:
https://affiliate-program.amazon.com/

Red de Afiliados de Google:
https://www.google.com/ads/affiliatenetw ork/

Top Choice para productos digitales:
www.JVZoo.com

Consejo profesional: Proporcione un valor añadido convirtiendo su contenido en formularios PDF descargables que a sus visitantes les encantará! > http://www.PostGopher.com DIFUNDE LA PALABRA-

Formularios optativos/constructores de listas:

http://www.OptinMonster.com

http://www.LeadPages.net

Proveedores de listas de correo:

http://www.mailerlite.com

http://www.MailChimp.com